Louis Reybaud

La société et le socialisme

essai

ISBN : 978-1540473202

10 9 8 7 6 5 4 3 2 1

Louis Reybaud

La société
et
le socialisme

essai

Table de Matières

La société et le socialisme

Depuis quelque temps, il s'élève contre la société un concert de récriminations et d'anathèmes. Chaque jour, un champion nouveau lui adresse un défi, tantôt au nom des lettres, tantôt au nom de la science. De la civilisation actuelle, on ne veut voir que les défauts ; on oublie les bienfaits qu'elle a répandus sur le monde. La manie de l'imitation empire encore cet état de choses, et la passion l'envenime. De là tant de lamentables calculs et de descriptions abjectes. A lire ce qui s'écrit, il semble vraiment que les efforts des générations, le travail des siècles, n'ont abouti qu'à transformer le globe que nous habitons en un vaste dépôt de mendicité ou une léproserie immonde.

Au fond de ces déclamations, un même sentiment se retrouve ; il s'agit d'alléger la responsabilité individuelle de tous les torts que l'on impute au régime social. Naguère on admettait que l'homme doit porter la peine de ses fautes ; on veut aujourd'hui que ce soit la société. La société, voilà le grand coupable. Elle a pour mission de procurer aux êtres qu'elle régit un bonheur sans nuages et sans limites quand elle y manque, il faut lui demander des comptes sévères. Ainsi les termes du programme sont renversés. Pour l'individu, plus de responsabilité ; le devoir collectif a effacé le devoir personnel. L'homme n'est tenu à rien depuis que la société est mise en demeure de pourvoir à tout ; c'est elle qui est chargée de toutes les invectives comme de toutes les réparations, et, par une singulière loi d'équilibre, on se montre d'autant plus exigeant d'un côté que l'on est plus accommodant de l'autre. On autorise la dépravation des éléments sociaux et l'on demande une société parfaite.

L'antiquité n'a pas commis une semblable méprise. Ce qu'elle a eu d'abord en vue, c'est l'homme : elle s'est adressée à la conscience individuelle plutôt qu'à la conscience sociale ; elle a cherché une responsabilité effective, sérieuse, et non une responsabilité abstraite, illusoire. Les grands esprits, dans l'ordre philosophique et religieux, n'ont pas un instant hésité sur ce point ; c'est sur l'éducation de l'individu qu'ils ont fondé le perfectionnement de l'espèce. Les formules les plus célèbres de l'éthique ancienne intéressent directement l'homme, le prennent à partie pour ainsi dire. Le *connais-toi* de Socrate, l'*abstiens-toi* d'Épitecte, sont des conseils de morale personnelle, des règles de conduite précises. Le christianisme, à son tour, parle au cœur humain d'une manière directe ; il ne s'inquiète ni des torts de la civilisation, ni des imperfections de la société. Dans le schisme même, personne ne se paie d'une aussi mauvaise défaite. Pélage et Abélard, en exagérant le libre arbitre, Priestley en inclinant vers la loi de la nécessité, les antinoméens et les déterministes, le Koran empreint de tant de fatalisme, le dogme païen qu'assombrit l'expiation, tous les cultes comme tous les systèmes, proclament la responsabilité de l'homme, sans faire jamais au milieu dans lequel il vit une part trop grande, sans y puiser les éléments d'une justification aussi dangereuse que commode.

C'est là que se trouve la vérité, non ailleurs : tout autre point de vue laisse la passion sans frein, la conscience sans autorité. Aucune société ne résisterait à un régime où le sentiment du devoir personnel s'affaiblirait devant l'intervention d'on ne saurait dire quelle tutelle collective. La civilisation actuelle est le fruit de l'éducation lente et successive de l'homme ; la loi du devoir a élevé l'individu, et par conséquent l'association humaine. Sans doute, cette loi n'a jamais eu une application complète, et bien des infractions en altèrent la vertu. Il n'en est pas résulté, cela est vrai, des sociétés irréprochables ; mais le bien qui s'est produit dans le cours des temps émane de ce mobile, et on ne saurait lui imputer le mal qui couvre encore la terre. L'imperfection de l'homme n'accuse que l'homme ; pour qu'il atteigne l'idéal où il doit aspirer, il ne faut amoindrir ni sa liberté ni sa responsabilité. il y a plus de respect pour la dignité de sa nature chez ceux qui consentent à le voir malheureux par sa faute et régénéré par l'épreuve d'un combat intérieur, que chez ceux qui lui arrangent un bonheur forcé, pour ainsi dire mécanique, obtenu sans effort, partant sans mérite. La part de l'individu doit être grande dans la direction que prend sa destinée. Si la société en fournit quelques éléments, il appartient à l'homme de se les approprier, de les dompter quand ils sont rebelles, de ne point en abuser quand ils sont favorables.

Dans la pratique, cette confusion est pleine de dangers ; elle autorise une grande partialité envers les faiblesses et les crimes des individus. Le mal n'excite plus dès-lors de haines vigoureuses ; on le regarde comme un produit fatal de la civilisation et excusable à ce titre. C'est ainsi que le sens moral s'affaiblit dans les classes élevées comme dans les classes inférieures. La chimère d'une perfectibilité exclusivement collective ne laisse pas aux vertus privées un rôle suffisamment digne et nécessaire ; elle les traite comme une superfétation, presque comme un préjugé. Le bien peut s'accomplir sans cela ; l'exercice en est facultatif et arbitraire. L'impulsion sociale couvre et transforme tout ; le bon et le mauvais sont emportés, confondus dans une sorte de mouvement fatal et aveugle. Le vice a une excuse ; la vertu n'a plus de sanction. Voilà où aboutit invinciblement tout système qui tend à justifier l'homme aux dépens de la société, et qui sacrifie des garanties réelles à des combinaisons imaginaires.. On ne saurait plus évidemment quitter la proie pour courir après l'ombre.

Les censeurs systématiques de la société abondent tous, sciemment ou à leur insu, dans cette déception. En l'accusant outre mesure, ils tendent à la dégrader davantage ; en la chargeant de toutes les iniquités, de toutes les misères, de toutes les douleurs d'ici-bas, ils nous préparent des douleurs, des misères, des iniquités plus grandes. Ils placent l'effort ailleurs qu'il ne faudrait ? et, s'abusant sur le symptôme, ils font prendre le change sur le remède. Pour colorer cette agression d'un prétexte spécieux, volontiers ils se retranchent derrière l'intérêt qu'inspirent les classes laborieuses et s'en déclarent les défenseurs. A ce titre, et comme cela arrive dans presque toutes les causes, on les voit briller aux dépens de la partie. Certes, aucun mandat n'est plus respectable que celui-là, quand il s'exerce dans la limite des réformes possibles et n'est pas un déguisement de la vanité. Rien au monde n'est plus digne d'attention que ces classes inférieures dont les jours s'écoulent dans un travail sans trêve, jusqu'au repos de la tombe. Ce sont les bras de ces hommes qui procurent aux classes aisées des jouissances pleines de raffinements, et il est, hélas ! trop vrai que plusieurs de ces malheureux peuvent ressentir les atteintes de la faim près des gerbes qu'ils ont récoltées, manquer de vêtements au milieu des riches tissus qu'ils ont ourdis. Le dénuement et la misère n'ont pas disparu d'ici-bas malgré l'influence de la civilisation : il y a encore plus d'une blessure à guérir, plus d'un besoin à satisfaire. A ce point de vue, la poursuite d'améliorations nouvelles est non-seulement légitime, mais encore obligée. Les cœurs y sont enchaînés, l'intérêt même le commande. Seulement, il ne faut pas imiter les enfants dont parle Plutarque, et essayer, comme eux, de sauter au-delà de notre ombre. La loi de l'humanité est d'aller en avant ; mais c'est précisément parce que cette marche doit être longue, qu'elle ne doit point avoir le caractère d'un tour de force, et, si l'on peut s'exprimer ainsi, d'une course au clocher.

La société a encore beaucoup à stipuler pour l'homme, cela est vrai, mais à la condition que l'homme ne s'abandonnera pas. Aucun effort d'ensemble ne pourrait l'élever ni à la grandeur morale, ni au bien-être physique, s'il n'y travaillait lui-même constamment et sans relâche. Ici encore la loi du devoir personnel est la seule qui soit féconde et intelligente. Dans l'état de tutelle où vivent quelques classes de la société, l'une de leurs plus grandes garanties est dans l'honneur et le désintéressement des classes qui disposent de l'empire. L'idéal de ce régime, où le plus grand nombre abdique au profit de quelques-uns, serait que le pouvoir s'exerçât un peu plus dans l'intérêt de ceux qui implicitement ou formellement le délèguent, et beaucoup moins pour le bénéfice particulier de ceux qui en sont investis. On parle de progrès social, celui-ci serait le plus urgent à réaliser. Plus de dévouement et de meilleurs modèles dans les rangs élevés, afin d'amener plus d'aisance et de répandre plus de moralité dans les rangs inférieurs, voilà une formule plus courte et plus sérieuse que ne le sont les formules chimériques. Elle ne sera pas plus obéie que les autres, et peut-être faut-il en accuser ceux qui ont combattu, sous divers prétextes, l'autorité du devoir. L'égoïsme humain ne saurait capituler que devant une forte éducation de l'âme et un travail intérieur qui conduisent au détachement et à l'abnégation. Quelques âmes d'élite ont seules une générosité instinctive ; pour les autres, c'est le fruit du temps et de l'exemple. Il est triste de dire que l'école des grands dévouements se perd et que celle du calcul personnel gagne chaque jour du terrain. On a rendu la bride aux penchants : ils vont où la nature les emporte.

Il est donc de l'honneur de l'écrivain de ne pas déserter la défense des classes inférieures : la déclamation a rendu le terrain difficile ; mais on peut reprendre les choses où elles étaient avant les écarts de l'exagération et la fièvre des utopies. C'est une mission si sainte, qu'elle se relèvera sans peine du tort qu'on lui a fait et des déviations qu'on lui a imprimées. Quand on étudie le problème avec quelque maturité d'esprit, on y découvre une foule de détails par lesquels déjà le bien pourrait se réaliser. Il ne s'agit pas sans doute de métamorphose complète, de changement à vue ; ces prétentions doivent être abandonnées aux rêveurs. Mais dans un coup d'œil rapide sur les souffrances sociales, peut-être est-il possible de ramener l'attention sur quelques données, sinon neuves, du moins utiles et inspirées par le plus simple bon sens. La misère, le vice et le crime, ces trois fléaux, semblent être pour longtemps les accessoires obligés de toute civilisation humaine. C'est le fruit des passions : les passions n'abdiquent pas. Il ne reste dès-lors qu'à chercher des remèdes partiels, des moyens d'atténuation, tout en faisant ; comme l'on dit, la part du feu. Telle est la pensée de la récapitulation qui va suivre.

Avant de l'aborder, il est convenable pourtant d'écarter une accusation préliminaire qui a été souvent reproduite. On a dit et répété que la misère et le crime sont un produit fatal de la civilisation, destiné à s'accroître en raison directe de l'activité industrielle d'un peuple et des victoires que le génie humain remporte sur la nature. C'est là une erreur gratuite. Evidemment on déprécie le temps présent au profit du temps passé, et la difficulté des moyens de vérification donne des forces à cette méprise. En effet, les éléments historiques manquent lorsqu'on veut examiner avec quelque précision ce qu'était, dans les siècles antérieurs, la condition des classes inférieures. La statistique est une science toute moderne ; on en abuse aujourd'hui, on n'en usait pas assez autrefois ; on veut tout prouver actuellement avec les chiffres, jadis personne ne songeait à cette preuve. Diverses raisons, soit politiques, soit administratives, s'opposaient d'ailleurs à ce que des calculs, pussent être invoqués avec suite et avec autorité. La diversité du régime provincial troublait l'unité des documents, et la censure royale en restreignait forcément l'usage. De là une lacune inévitable dans l'histoire économique du pays et une brèche ouverte aux amateurs d'hypothèses.

Cependant, à l'aide de l'observation la plus superficielle, on peut suppléer à l'absence des documents et s'assurer que la misère, loin de grandir avec la civilisation, tend au contraire à diminuer devant une aisance chaque jour accrue et les issues nouvelles que se fraie le travail. Il serait trop douloureux de penser que le progrès social, cette idole du temps, ressemble à ces divinités indiennes qui ne marchent vers le temple qu'en écrasant à chaque pas, sous les roues de leur char, un plus grand nombre de victimes. Cela n'est point ; les sociétés modernes ont été calomniées ; elles sont au-dessus des sociétés anciennes, comme intelligence, comme bien-être. Si, par misère, on entend ce mal moral qui se traduit au dehors par des exigences inquiètes, une soif immodérée de jouissances et les appels d'une ambition déréglée, oui, certes, notre époque est en proie à cette misère, et les classes ouvrières ne sont pas les seules qui s'en trouvent atteintes. Chez elles, comme dans toute la hiérarchie de la société, se manifestent ces prétentions à l'empire, inévitables dans un temps où tout le monde veut commander et où personne ne se résigne à obéir. Quand de toutes, parts chacun semble malheureux de sa position et cherche à se faire une meilleure place, pourquoi les classes laborieuses n'éprouveraient-elles pas le même vertige ? Telle est la misère du temps, et au milieu des flatteries dont ils sont l'objet, il est surprenant que les ouvriers ne s'en soient pas ressentis d'une manière plus profonde. Mais si par misère on entend ce mal physique qui se manifeste par des habitudes dégradées et la privation des premières nécessités de la vie, non, il n'est pas exact de dire que notre siècle est, sous ce rapport, plus mal partagé que les siècles antérieurs : c'est le contraire qui est vrai.

Il suffit, pour s'en assurer, de jeter un coup d'œil sur les annales des générations humaines. Certes, comme dépravation, l'antiquité a laissé loin d'elle les temps modernes. Fondé sur les sens, le paganisme avait dû faire aux sens une part très ample, et c'est l'un des cultes qui ont osé élever la prostitution à la hauteur d'un rite religieux. Les lupercales, les bacchanales, les mystères de la bonne déesse, n'étaient autre chose qu'une débauche organisée et s'exerçant, sous l'œil des prêtres, avec un débordement périodique. Plus près de nous, divers schismes scandalisèrent l'église par d'étranges dérèglements. Carpocrate et Prodicus en donnèrent l'exemple dans les premiers siècles de notre ère, et après eux des sectes nombreuses, comme les Picards, les Vaudois, les frères de l'esprit libre, les dulcinistes, les fossariens, les multiplians, les florians, dont parle Philastre, ne craignirent pas de couvrir leurs dissolutions du voile d'un fanatisme pieux. Les turlupins allèrent plus loin encore ; ils eurent des grandes prêtresses et parodièrent les écarts de l'idolâtrie. Ainsi la débauche avait pris asile à côté du sanctuaire d'une manière ouverte, profanation qui a été épargnée à notre temps. Les ravages qu'elle faisait dans les autres classes n'étaient pas moindres. Une sorte de magistrature burlesque avait été imposée, dans le moyen-âge, à la prostitution, et le roi des ribauds n'eût pas échangé son sceptre effronté pour une souveraineté plus décente. Les usages de l'époque autorisaient cette licence, et la langue même, telle qu'on la retrouve dans Rabelais, trahit cette liberté des mœurs par la liberté de l'expression. Les siècles suivants ne dérogèrent point, et il suffit de citer le règne de Louis XV pour donner la mesure du dérèglement où étaient arrivés nos pères. En ce genre, il sera difficile de les surpasser.

Voilà pour la licence des mœurs. Quant à la misère des classes nombreuses, il faut se souvenir de ce qu'étaient les ilotes et les prolétaires dans le monde ancien. L'esclavage ajoutait encore à ces douleurs un chapitre dont chaque jour les pages s'effacent. Dans l'ère moderne, ce fut la féodalité qui se chargea de reproduire sous une autre forme les servitudes du régime romain. On parle de l'assujettissement dans lequel les maîtres peuvent tenir les ouvriers ; mais que l'on compare ce joug à celui du vasselage d'autrefois, plein de brutalités et de caprices, ne respectant ni la liberté ni la dignité de l'homme, disposant de lui comme d'une machine, et ne lui laissant pas même la jouissance des fruits de son travail ! Qui voudrait aujourd'hui, même parmi les plus malheureux journaliers, retourner à cette condition qui faisait du serf une sorte de propriété mobilière ? Au lieu de regarder toujours en avant de soi, que l'on jette plus souvent un coup d'œil en arrière : on y puisera, en contemplant le chemin parcouru, la patience nécessaire pour achever l'étape laborieuse qui nous est assignée. Toute génération a eu un contingent de peines et de joies ; notre lot est meilleur que celui de nos aïeux, et nous préparons à nos enfants, il faut l'espérer du moins, une existence plus prospère que la nôtre. En fait de misère, qui en a plus essuyé que les populations du moyen-âge, en butte à des famines incessantes, décimées par la guerre, foulées par les partis armés, ravagées par la peste, ruinées par les exactions arbitraires ? Un membre de l'institut, M. Berryat de Saint-Prix, a dernièrement tracé un tableau animé et consciencieux de cette situation trop peu connue. Même plus près de nous, et dans ce que l'on nomme le grand siècle, on voit éclater des plaintes que l'histoire officielle ne mentionne pas. Derrière le luxe de Louis XIV se cachent les privations de tout un peuple. Un seul homme a osé élever la voix, c'est Vauban : aussi, malgré ses services, mourut-il dans la disgrâce du souverain. Vauban avait le cœur aussi grand que le génie : quand il se fut assuré du mal, il ne craignit pas de le dévoiler. Dans un passage du *Projet de dîme royale*, Vauban constate que la classe des privilégiés se réduisait de son temps à dix mille familles opulentes ou aisées sur vingt-deux millions d'âmes ! Un autre écrivain de ce règne, Boisguilbert, aussi judicieux et aussi sincère que Vauban, confirme la triste statistique de ce dernier et ajoute : « Bien que la magnificence et l'abondance soient extrêmes en France, comme ce n'est qu'en quelques particuliers et que la plus grande partie est dans la dernière indigence, cela ne peut compenser la perte que fait l'état pour le grand nombre.[1] » Si la misère a sévi sous un roi comme Louis XIV et avec un ministre tel que Colbert, au milieu du silence des factions et de la sécurité intérieure, qu'on juge de ce qu'elle devait être quand le pays était mis au pillage par des mercenaires ou envahi par la soldatesque ennemie. Certes, la matière de tableaux larmoyants abondait dans ces périodes fécondes en calamités ; il ne leur a manqué qu'une chose, des statisticiens.

L'amélioration du sort des classes laborieuses est donc un fait qui ressort du moindre rapprochement historique. On peut même, dans les témoignages contemporains, en découvrir la marche et en constater le mouvement. L'un des plus judicieux et des plus consciencieux observateurs des phénomènes industriels, M. le docteur Villermé, a recueilli à ce sujet, dans les manufactures, des aveux précieux de la part des plus vieux ouvriers, de ceux qui, ayant vécu sous deux régimes, ont pu faire l'expérience personnelle de l'un et de l'autre. Tous ils avouent que leur classe est aujourd'hui mieux logée, mieux meublée, mieux vêtue. Le drap dans les habillements a remplacé la grosse toile. On rencontre moins qu'autrefois des pieds et des jambes nus ; les sabots deviennent rares, les souliers les

1 *Détail de la Francs sous Louis XIV.*

ont remplacés. Quand arrive un jour de fête, cette population des ateliers se confond par sa mise avec la classe bourgeoise, et semble en être une variété. L'alimentation est plus substantielle et plus abondante ; enfin, et c'est là une preuve décisive, la vie moyenne s'est accrue, et, dans l'intervalle d'un demi-siècle, on l'a vue s'élever de trente-cinq à quarante ans. On peut ajouter à ces divers indices le succès des caisses d'épargne et les réserves considérables qu'elles assurent désormais à l'ouvrier. Plus on ira, plus la situation de cette intéressante classe se dépouillera de ce qu'elle peut avoir de précaire. Avec l'aisance viendront la dignité, l'esprit d'ordre et de conduite, la tempérance, la régularité des mœurs. Le bien engendre le bien, comme le mal engendre le mal. Déjà cette amélioration graduelle serait plus sensible et plus manifeste, si, dans la voie du bien-être, les besoins ne s'accroissaient pas toujours en raison des jouissances, et si toute satisfaction n'était pas immédiatement suivie d'un désir nouveau. Que d'objets, autrefois de luxe, sont devenus pour l'ouvrier des objets de première nécessité ! que de raffinements auxquels jamais il n'aurait cru atteindre, et qui sont aujourd'hui à sa portée ! Cependant cela ne suffit pas, car il est dans l'essence de l'homme d'aspirer toujours à plus qu'il ne possède. De là cette plainte éternelle qui ne cessera qu'avec l'humanité, et qui est aussi vieille que le monde.

Sous bien des rapports, les sociétés antérieures étaient donc en arrière de la société actuelle ; c'est un fait désormais hors de doute. Il y a eu dans le cours des siècles une suite d'acquisitions lentes et précieuses qui composent le lot de notre temps. Les civilisations se forment comme les terrains d'alluvion ; chaque âge y contribue et laisse plus qu'il n'a reçu. L'homme s'est ainsi ennobli de deux manières, moralement par une éducation chaque jour plus répandue, matériellement par un bien-être qui sans cesse tend à s'accroître. Le pouvoir, concentré d'abord dans quelques mains, s'est disséminé de manière à intéresser la classe moyenne admise à en régler l'exercice. Evidemment ce sont là des progrès, et, à ce spectacle, toute imputation de décadence tombe d'elle-même.

Le rôle du passé étant ainsi déterminé, il ne reste plus qu'à compter avec l'époque actuelle. En le faisant, il importe de se séparer de l'école de l'exagération et de s'étudier à en éviter les données et le langage. Quand on traite aujourd'hui de semblables matières, on ne saurait y apporter ni trop de sagesse ni trop de sang-froid. La défense des classes laborieuses ne peut pas, ne doit pas être délaissée, quoique des amis dangereux l'aient singulièrement compromise. Seulement il devient essentiel d'émettre des réserves très explicites et d'assigner à ces questions des limites précises et raisonnables. Les choses en sont là que, pour être écouté, la plus stricte modération est désormais nécessaire. Aussi ne sera-t-il fait ici aucune concession ni à l'utopie, ni au roman, ni même à la statistique : les améliorations lointaines font toujours du tort aux améliorations prochaines, et il y a du bénéfice à se tenir en garde contre des chimères. Cette réserve exprimée, on peut se demander où en est notre siècle pour ces trois plaies sociales, le vice, le crime et la misère, qui rongent surtout les couches inférieures de la société. Est-il quelques mesures immédiates à prendre, quelques topiques certains que l'on puisse appliquer à de tels maux ? Pour rappeler une expression devenue célèbre, y a-t-il à ce sujet quelque chose à faire ? Ce sont là des questions dignes de quelque intérêt.

Quand on parle du vice, la prostitution se présente en première ligne : c'est de toutes les plaies sociales celle qui affecté le plus douloureusement la pensée et qui porte aux mœurs l'atteinte la plus profonde. Un écrivain spécial[1] a rendu au public le triste service de l'initier aux mystères et aux souffrances de cette vie d'abjection. Les détails de cette déplorable statistique sont connus, trop connus peut- être. Une seule chose peut consoler d'un aussi affligeant tableau, c'est que la société ne pousse personne dans ce monde de la dépravation. Les chutes y sont, à peu d'exceptions près, volontaires ; elles ne doivent être imputées qu'aux mauvais penchants de la victime ou aux séductions de ces odieuses créatures qui spéculent sur le déshonneur. Peut-être cette question de la prostitution n'a-t-elle jamais été envisagée avec assez de rigueur. On admet trop facilement que c'est un fléau nécessaire, et que le seul devoir de l'autorité est d'en régler, pour ainsi dire, l'exercice. On la montre comme régnant sur toute la surface du globe, à l'ombre d'une tolérance universelle. Lutter contre elle semble une entreprise pleine de dangers ; on aime mieux lui donner une organisation savante, la cantonner, faire des sacrifices réguliers à ce minotaure. Ce système, que l'on croit inattaquable, est précisément

1 *De la Prostitution dans la ville de Paris*, par M. Parent-Duchâtelet.

ce qui prêterait le plus à une discussion. Il n'est pas vrai d'abord que la prostitution soit partout tolérée et autorisée ; elle ne l'est pas dans les pays musulmans ni dans plusieurs villes de la Suisse, où aucun inconvénient ne résulte de cet état de choses. Sans doute, il est difficile de combattre le concubinage et les liaisons irrégulières ; mais si l'action publique est impuissante pour la répression des vices, si elle ne peut imposer aux citoyens ni la continence, ni la réserve, elle n'est pas tenue à organiser le dérèglement et à donner des garanties au désordre.

Le régime suivi actuellement a un autre écueil bien plus grave, celui d'autoriser l'exploitation en matière de débauche. La police accorde en effet une sorte de sanction à ce trafic abject qui se pratique dans les maisons de tolérance Elle les classe et les patente, elle leur reconnaît une vie presque légale. Quoi de plus dangereux, et quelle prime donnée au pervertissement ! Ce sont là autant de foyers de séduction que l'on crée, autant d'écoles d'infamie. L'établissement une fois fondé, il faut qu'il marche, qu'il se recrute, et aucun moyen ne répugne aux créatures qui président à ces spéculations. Liées par un contrat léonin, les victimes se débattent en vain sous cette horrible étreinte ; elles doivent tout à l'entreprise, leur santé, leur pudeur, leur temps ; l'entreprise ne leur doit que le vêtement et la nourriture. Contrat odieux ! et la police lui donne une sorte de valeur en brevetant l'exploitation ! Vraiment, c'est trop de condescendance. Que la prostitution directe soit soufferte, puisqu'on ne peut l'empêcher, et que les natures vicieuses disposent d'elles-mêmes ; mais qu'on abolisse la prostitution indirecte, la prostitution en commandite, collective et enrégimentée. On dira que l'usage a consacré cet abus ; mais l'usage maintenait aussi les jeux publics, et pourtant ils ont disparu sans inconvénient réel et au grand avantage de la moralité publique. Dans l'un et dans l'autre cas, l'objection la plus sérieuse a été la crainte de sortir de la notoriété pour entrer dans la clandestinité, et de voir des maisons dangereuses et ignorées de la police remplacer des maisons assujetties à une surveillance assidue. Quant aux jeux publics, l'expérience a prouvé que cette appréhension est chimérique : pourquoi n'en serait-il pas de même pour la prostitution ? D'ailleurs, c'est là un risque que l'on peut courir en tout état de cause : quand le vice aurait moins de sécurité, la morale n'y perdrait rien.

Louis Reybaud

Si de la région du vice on passe dans celle du crime, on y rencontre cette écume sociale, déshonneur de la civilisation et fléau des grandes villes.[1] Au premier rang figure la série innombrable des escrocs et des filous, déprédateurs redoutables et tacticiens consommés ; puis vient la classe qui ne se fie pas seulement à l'adresse pour la perpétration du vol, et qui va jusqu'à l'effusion du sang. Les forçats et les réclusionnaires libérés sont presque toujours les auteurs de ces meurtres qui ne s'exécutent pas isolément, mais en participation pour ainsi dire. Chaque bande a un chef, des éclaireurs, des receleurs, enfin toute une organisation mystérieuse et une hiérarchie régulière. Le partage du butin se fait avec une conscience qui étonne de la part de pareilles gens. Des cafés, des magasins de vins, des cabarets, connus de la police et objets d'une surveillance particulière, sont les points où ces malfaiteurs se donnent rendez-vous pour préparer leurs attentats. Un vol est considéré comme une affaire que l'on propose, que l'on négocie, et dans laquelle une prime est réservée i celui qui en fournit l'idée et le plan. Une fois en campagne, la bande prend des dispositions pour déjouer les embûches qu'on pourrait lui tendre et se mettre à l'abri des surprises. Chacun a un poste assigné, une fonction, une consigne, et, en cas d'alerte, la troupe entière se réunit pour opposer plus de résistance ou se retirer en meilleur ordre. Ce sont de véritables campagnes entreprises contre la société, et dans lesquelles la stratégie et la tactique jouent un rôle essentiel. L'art du vol a, comme l'art de la guerre, de grands capitaines et des généraux illustres. C'est ordinairement la voix du bagne qui confère ces hauts grades, et cette investiture est rarement méconnue au dehors.

Dans cette organisation savante du crime, il y a quelque chose qui étonne, c'est qu'on ne puisse pas prévenir des actes préparés dans des lieux publics et d'une manière aussi peu mystérieuse. Latéralement à ces bandes de malfaiteurs, la police entretient, avec une judicieuse vigilance, des brigades de surveillants qui, au moyen de certaines affinités et de la connaissance de l'argot en usage parmi les criminels, peuvent suivre jour par jour, presque heure par heure, les habitudes, les moyens d'existence, les projets, les démarches de cette population dépravée. Depuis le *garni* infect dans lequel il s'abrite le soir, jusqu'à la taverne qu'il fréquente, on

1 *Des Classes dangereuses de la Société*, par M. Frégier.

peut épier le libéré, observer quelles relations il entretient, deviner quels desseins il nourrit. Quand un attentat se commet, il est rare que la police ne mette pas sur-le-champ la main sur les coupables ; des indices certains la guident, et elle agit. Rien de mieux que cette rapidité dans la répression ; c'est déjà une garantie précieuse pour la sécurité publique. Cependant serait-il impossible d'obtenir ce résultat par des mesures préventives, et d'empêcher l'exécution du crime en intervenant à propos ? Si la loi n'autorise pas l'arbitraire, même vis-à-vis des hommes qui conspirent contre la société, la police, sans sortir du cercle légal, a des moyens d'action sur les chefs de bandes, sur les malfaiteurs les plus audacieux. Ils sont, en leur qualité de libérés, soumis aux servitudes de la surveillance, et comme tels ils peuvent être exilés des résidences où ils deviennent trop dangereux. Peut-être serait-il convenable aussi d'emprunter à la police de Londres quelques détails d'organisation d'une efficacité éprouvée. Les combinaisons y sont en général prises dans le sens préventif on y voit l'intention arrêtée d'apporter des obstacles aux délits et aux crimes. Il est vrai que, chez nos voisins, ce service est établi sur la plus grande échelle, et qu'il emploie un personnel imposant ; mais pour tout ce qui touche à la sécurité et à la moralité publiques, il faut savoir se défendre de mesures incomplètes et d'économies mal entendues. Nul argent ne saurait être mieux placé que celui-là, et ce que l'on ajoute à la surveillance est autant d'épargné au budget des prisons et aux allocations pénitentiaires.

C'est vers ce dernier point que l'on doit surtout appeler l'esprit de réforme. Depuis que le régime des bagnes et des maisons de détention a été amélioré, ce séjour n'inspire plus au malfaiteur ni répugnance, ni crainte. L'emprisonnement a perdu tout caractère d'intimidation : on le considère comme une halte dans le crime. Dans cette enceinte où fermentent tant d'immoralités, s'ourdissent des complots qui éclateront à l'expiration de la peine. On y aiguise le poignard qui accomplira un nouveau meurtre, on y tient école des moyens d'effraction et d'escalade qui accompagneront les attentats contre les propriétés et contre les personnes. Là se forment ces bandes qui deviennent si redoutables au dehors, ces associations qui constituent une sorte de compagnonnage pour l'assassinat et le vol. Isolées, ces natures seraient dangereuses, et l'on ne craint pas de doubler, en les mettant en contact, leur puissance pour le mal. Ces êtres dépravés ressemblaient à des tirailleurs épars : en les renfermant ensemble, on en fait une armée compacte et disciplinée. Évidemment c'est dans ce système que la criminalité actuelle puise sa principale énergie. Dès qu'un homme a passé dans une maison de détention, sous les yeux et dans la sphère d'influence des meneurs de la phalange pénitentiaire, il est désormais acquis à une conjuration éternelle contre l'ordre légal ; il rompt avec la société pour entrer dans un monde à part et s'y élever, d'échelon en échelon, jusqu'à l'échafaud. Ce malheureux, une fois entré dans un milieu corrompu, n'aura plus ni la vertu ni la force d'en conjurer les atteintes ; la contagion le gagnera, il s'initiera aux beautés de l'argot à l'usage des malfaiteurs ; il entendra chaque jour les récits édifiants des héros du crime, saura comment ils conduisent leurs opérations, quelles ruses ils emploient pour déjouer la surveillance, quels complices ils rencontrent, quels lieux ils fréquentent. Triste, mais inévitable éducation contre laquelle peu de condamnés savent se défendre, et dont les résultats se manifestent clairement dans les tableaux des récidives !

A cette situation fâcheuse il n'est qu'un seul remède, c'est l'isolement. On a, dans ces derniers temps, compromis cette mesure par des applications politiques. C'est une faute ; il fallait conserver à l'emprisonnement solitaire le caractère qui lui appartient, et en faire exclusivement une arme contre les malfaiteurs. De l'avis des esprits les plus éclairés et des observateurs les plus réfléchis, nul moyen n'est plus efficace pour nettoyer les étables du crime. La détention, comme on l'entend, comme on la pratique aujourd'hui, est un complot incessant contre la société. Elle engendre plus d'attentats qu'elle n'en punit, et ressemble moins à une expiation qu'à une menace. Tant que les détenus auront entre eux des communications quotidiennes, il en sera ainsi. Se voir et se parler, pour des criminels, c'est conspirer, c'est s'affermir dans la dépravation. La prison renvoie toujours un homme plus vicieux qu'elle ne l'a reçu ; les plus mauvaises natures y donnent le ton et s'y exaltent par le frottement. Il faut donc séparer, isoler les détenus ; tout l'indique. C'est le seul moyen de dissoudre les associations souterraines, de faire tomber en désuétude la langue des bagnes et des maisons centrales. Entre des hommes qui ne se seront jamais aperçus, point de conjuration possible, point de pacte secret. Le libéré ne trouvera plus, en quittant la chiourme, des complices pour persévérer dans le mal, des railleurs pour le détourner du bien : il sera livré à ses instincts et à ses penchants. La réclusion cellulaire, la séparation rigoureuse des détenus, auront seules la vertu d'opérer cette dispersion de l'élément pénitentiaire que chaque jour la prison et le bagne versent dans la société. Vainement essaie-t-on d'y substituer des combinaisons ingénieuses qui laissent subsister pour les hôtes de la même maison de détention la complicité de la vue, du geste et de la parole. Pour être efficace, l'isolement doit être complet et le séquestre absolu. Mettre les détenus en présence dans les ateliers, et leur imposer la loi du silence, a le double inconvénient de créer une contrainte odieuse et illusoire, et de maintenir tous les mauvais effets des communications actuelles. Si l'on veut sérieusement changer de régime, il convient d'écarter les malentendus et les fictions.

Divers reproches ont été faits à la mesure de l'isolement systématique. Cette peine est, dit-on, un épouvantail pour le criminel : elle jette dans un sombre abattement les hommes qui supportaient avec le plus d'insouciance les fatigues des bagnes et les travaux des maisons centrales ; ils ont peur du silence et de l'oubli, ils ne peuvent s'habituer à la perspective de cette tombe anticipée. Jusqu'ici l'objection n'est pas sérieuse ; elle prouve seulement que la peine a une sanction, qu'elle inspire une terreur salutaire. L'emprisonnement en commun n'intimidait pas, l'emprisonnement solitaire intimide ; c'est le plus bel éloge que l'on puisse faire de ce dernier moyen de répression, et, dans la bouche des intéressés, cet éloge a plus de valeur encore. Il est vrai qu'on accuse en outre l'isolement d'exercer une action funeste sur la santé et sur la raison des détenus, d'accroître la moyenne de la mortalité pénitentiaire, et surtout d'engendrer de nombreux cas de folie et d'hébétement. A l'appui de ce grief, la statistique expose des calculs victorieux que détruisent les calculs non moins concluants de la statistique opposée. Cette science est coutumière de ces luttes : il faut s'en servir avec prudence, comme d'une arme à deux tranchants. En admettant même comme vrai un fait suspect, quand il serait aussi prouvé qu'il l'est peu que la vie cellulaire est moins favorable au condamné que la vie en commun, il faudrait encore mettre en balance d'un côté l'intérêt social tout entier, de l'autre les chances de longévité du rebut de la population. Que tout homme ait droit à la compassion de ses semblables, rien de mieux ; mais, pour être judicieuse, cette compassion ne doit pas sacrifier le grand nombre au petit, la règle à l'exception. Le premier devoir et le premier soin de toute société sont de s'épurer et de laisser aux générations qui arrivent de meilleurs éléments que ceux qu'elle a reçus des générations antérieures. C'est pour cela que le châtiment a été institué, non comme une dérision, mais en vue d'intimider et de punir.

Quand on envisage l'ensemble des souffrances humaines, on ne s'explique pas ces sollicitudes excessives pour les classes qui en sont le moins dignes. En fait de sacrifices, la société en supporte de bien plus regrettables et douloureux que ceux d'une mortalité plus grande parmi les voleurs et les assassins. Pour l'honneur du drapeau, nos soldats campent dans les marais pestilentiels de l'Afrique, et la fièvre éclaircit leurs rangs plus que la balle des Arabes. Sous nos yeux, la partie laborieuse de la population habite tantôt des logements sans air ni soleil, tantôt des ateliers insalubres : à un salaire à peine suffisant s'ajoutent pour elle la perspective d'une suspension de travail et les charges de la vie de famille. Parmi ces ouvriers, il en est qui sont voués à des métiers notoirement dangereux, comme les plombiers et les verriers, et pourtant on les voit se résigner courageusement et tomber à leur poste comme d'intrépides soldats. Ainsi la société ne peut pas porter aux hommes méritants tous les secours dont ils ont besoin elle ne peut ni les soustraire à un milieu délétère, ni les affranchir des incertitudes de l'existence ; et l'on voudrait qu'elle épuisât, vis-à-vis du crime, la mesure des soins et des attentions, que, non contente d'assurer aux détenus une nourriture abondante et saine, des cellules aérée, des vêtements, un lit, des médicaments au besoin, elle s'inquiétât minutieusement des conséquences de la réclusion et reculât devant l'idée d'augmenter d'un ou deux pour cent le chiffre de la mortalité annuelle ! Non, cette sollicitude serait immorale et injuste : la détention doit conserver un caractère expiatoire ; en adoucir outre mesure les conditions, c'est donner un encouragement au crime, c'est abolir la crainte du châtiment.

Dans l'intérêt de la sécurité publique, il est donc temps de briser le faisceau que les malfaiteurs sont parvenus à former, et de les combattre par l'isolement. Une civilisation comme la nôtre ne doit pas supporter le spectacle de cette fédération du vice qui a des points de réunion permanents, des chefs, des espions, une hiérarchie, un code et un idiome. Si le régime cellulaire peut, comme il y a lieu de le croire, rompre une aussi malfaisante ligue, il importe de ne pas en différer l'expérience. Les adversaires de l'isolement ne discutent guère que sur des adoucissements de détail et des difficultés d'exécution. Il est aisé de concilier ces dissidences et de trouver une combinaison qui, sans altérer l'efficacité de ce régime, en tempère les inconvénients. Quel qu'en soit d'ailleurs le mode, une réforme est urgente, surtout depuis que la littérature va prendre des héros et des héroïnes dans les régions où l'on parle l'argot. L'affiliation des malfaiteurs doit être anéantie : qu'on sache prendre une mesure décisive, et bientôt elle n'existera plus que dans les romans.

Du vice et du crime, on peut arriver sans transition à la misère qui y confine par tant de points. C'est là d'ailleurs le principal chef d'accusation qu'on fait valoir contre la société. La misère des classes laborieuses est présentée comme un grief accablant pour la civilisation qui en souffre le spectacle. Des hommes généreux, des écrivains sensés, se sont émus à ce cri, et de divers côtés on a cherché des solutions au problème le plus épineux des temps modernes, celui de concilier la liberté du travail avec la continuité et la suffisance du salaire. Ce qu'une pareille étude a fait ressortir, c'est que, dans le cours des temps, les classes laborieuses n'ont jamais connu qu'un état précaire, aggravé par l'ignorance et le fanatisme. Les formules de civilisation, graduellement améliorées, ont adouci cette misère, mais avec la lenteur et le calme qui président aux évolutions humaines. Le travail, après avoir passé par le régime des castes de l'Égypte et de l'Inde, de l'esclavage romain et du vasselage féodal, s'est enfin émancipé aujourd'hui il s'appartient, il dispose de lui-même. Dans cet état nouveau et récent, doit-on s'étonner qu'il ait encore l'imprévoyance et la faiblesse de l'adulte ? Avec le temps, l'éducation du travailler s'achèvera. Il comprendra mieux quelle est son importance dans l'ensemble des relations sociales, et quel rôle il lui appartient d'y jouer. Ce n'est pas par des prétentions qu'il s'élèvera, comme on le lui conseille aujourd'hui, mais par des services. Il serait étrange que l'émancipation demeurât stérile, quand la servitude a été féconde. C'est faire injure aux classes laborieuses que de le supposer.

Qu'on n'affecte plus autant de souci pour les hommes qui vivent du travail de leurs mains : ils trouveront leur route d'eux-mêmes. Ils ont la patience et le nombre ; quand ils y joindront l'esprit de prévoyance et de conduite, toute société devra compter avec eux. On parle d'association, de formules d'association : avant d'y songer, les classes laborieuses ont épuiser l'épreuve complète du régime d'affranchissement dans lequel elles ne sont entrées que depuis un demi-siècle. Toute association, même avec des clauses disciplinaires, ne peut être aujourd'hui qu'un contrat libre, volontaire, spontané ; il faut qu'en y entrant chaque membre sache à quoi il s'engage, quels droits il aliène, à quels devoirs il se soumet : Dans la masse actuelle des ouvriers, ce sentiment, cette conscience, n'existent pas encore. Toute association libre les trouvera un jour dociles, le lendemain rebelles, aussi prompts à se lier qu'à se dégager, répugnant même aux obligations qu'ils se seront créées. En mainte occasion, on a cité des exemples heureux de l'association et des bienfaits qui en découlent, surtout au point de vue des institutions d'épargne et de prévoyance. Il fallait ajouter qu'aucune de ces créations n'a pu survivre longtemps à l'inconstance des travailleurs : celles qui se sont maintenues ne le doivent qu'au dévouement et au zèle de quelques hommes de cœur étrangers à la classe ouvrière. Dans l'état actuel, cette classe redoute encre moins la privation que la discipline, et ne reconnaît, au milieu de bien des misères, qu'un seul bonheur réel, celui de n'obéir qu'à elle-même. Pour mieux constater ce droit, elle en abuse souvent au point de se nuire, comme dans les chômages volontaires et les interruptions systématiques du travail. Les coalitions, dont plus d'une industrie a offert le spectacle, n'ont pas d'autre origine que le désir de faire acte d'indépendance vis-à-vis de l'entrepreneur, et de secouer la servitude du salaire. Voilà où en sont les choses aux yeux des hommes qui les observent froidement : évidemment ce sont là des éléments réfractaires pour l'association, qui demande avant tout à l'individu le sacrifice de ses caprices et la fidélité aux engagements.

On a beau faire, on n'échappera pas à ce dilemme : de deux choses l'une, ou l'association des travailleurs sera forcée, ou elle sera libre. Si elle est forcée, elle rentre dans le régime des corporations d'autrefois, des jurandes et des maîtrises, c'est-à-dire dans une organisation arbitraire du travail. A part quelques esprits enthousiastes du passé, personne ne veut de ce retour à un privilège condamné par l'expérience.[1] Reste alors l'association libre qui manque de sanction, qui n'est qu'une lettre morte. Vainement un écrivain,[2] dont on ne peut méconnaître ni les intentions, ni les lumières, a-t-il essayé de tracer un règlement où la liberté se concilie avec la discipline, et le droit commun avec la hiérarchie. Ce système n'a qu'un défaut, celui de stipuler dans le vide : personne ne s'y ralliera. Tant que le travail restera libre, l'ouvrier préférera l'indépendance à la solidarité. Ce n'est jamais de plein gré que l'homme s'impose des chaînes, même dans l'intérêt de son propre bien-être. Tout avantage de corps lui paraît vain auprès de cette latitude d'action, de cette liberté de mouvement dont il jouit aujourd'hui. La corporation industrielle ne pouvait subsister qu'à la condition d'être close et de régner despotiquement sur une profession. Vouloir en faire quelque chose de paternel et d'accessible à toute heure, sans titre particulier, sans caractère exclusif, c'est le rêve d'un homme de bien, mais ce n'est malheureusement qu'un rêve.

Les habitudes du compagnonnage, loin d'accuser, comme on l'a dit, une tendance à l'association, prouvent au contraire combien il existe d'éléments dissociables parmi les populations ouvrières. Le compagnonnage est une institution des temps barbares fondée sur la rivalité des corps de métier, et en vue de la guerre séculaire qu'ils se livrent. Non-seulement elle classe chaque profession à part, mais elle consacre des catégories dans la même profession. Au lieu du principe de la solidarité, c'est le principe de la séparation qui y prévaut. Toutes les coutumes du compagnonnage respirent une haine farouche entre les divers corps du *devoir*, c'est le nom qu'ils se donnent. Isolés ou en bandes, les compagnons s'adressent des défis grossiers, se provoquent par des chansons outrageantes, et finissent par engager des duels meurtriers ou des mêlées épouvantables. Y a-t-il rien là-dedans qui ressemble à une association, dans la saine

---

1 M. Rossi, en parlant de l'apprentissage, qui était, avec la division arbitraire des métiers, le caractère distinctif des corporations anciennes, a dit avec le plus grand sens : « L'apprentissage n'était point établi en faveur des ouvriers, mais tout en faveur des maîtres ; c'était une sorte de servitude temporaire. » Cette phrase résume admirablement le vice fondamental du système des corporations.

2 *Du Progrès social*, par. M. de Lafarelle, député du Gard. *Réorganisation disciplinaire des classes industrielles*, par le même.

acception du mot, et qui en contienne le germe ? Sans doute, le compagnonnage stipule un échange de secours mutuels entre les membres d'un même *devoir*, mais les traces du bien qui en résulte sont effacées par un cérémonial puéril qui aboutit presque toujours à des stations prolongées dans les cabarets. En somme, ce sont là des traditions fâcheuses, un legs de siècles peu éclairés. Au lieu de refondre le compagnonnage, comme le voudrait un ouvrier qui a écrit un livre sur cette institution, au lieu d'en composer l'idéal, comme l'a fait un romancier, il y aurait plus d'avantage à l'extirper du sein des classes laborieuses. Le compagnonnage est une sorte de guerre civile entre les travailleurs, guerre d'autant plus opiniâtre qu'elle n'a pas d'objet et ne saurait avoir d'issue.

Ce qui plaît à l'ouvrier dans le compagnonnage, ce qui l'attache à cette coutume, c'est précisément le caractère turbulent et agressif qu'elle revêt. Autant il lui répugnerait de subordonner son indépendance à une association calme et sensée, autant il y a d'attrait pour lui dans ces affiliations militantes. Le bruit l'attire, les promenades en corps de *devoir*, avec la canne à la main et les signes distinctifs au chapeau, sont pour lui une grande source de jouissances. Ce que l'on entend par une association n'aurait à ses yeux qu'une valeur abstraite et passive ; le compagnonnage, au contraire, se produit au soleil, s'agite, s'escrime, n des mots de passe, des gestes mystérieux, des pratiques particulières pour la *conduite* et *l'embauchage*, enfin tout un code et presque des rites. C'est la franc-maçonnerie des classes laborieuses : elles y tiennent précisément à cause de ces détails qu'on peut taxer de barbarie ou d'enfantillage. On aurait donc tort de voir là-dedans un acte réfléchi, susceptible de discussion et donnant ouverture à une réforme. L'entraînement, l'exemple, l'habitude, ont fondé le compagnonnage ; le jour où les classes laborieuses chercheront à en peser le mérite, à en raisonner les effets, il sera bien près de finir : tôt ou tard, le bon sens des ouvriers en fera justice.

Il ne faut ni décrier l'ouvrier ni le flatter. En général, on ne garde pas, à son égard, assez de mesure, on ne montre pas assez de justice ; on le place ou trop haut ou trop bas ; on va volontiers à l'extrême, soit qu'on l'exalte, soit qu'on le déprécie. L'ouvrier, pris en masse, a des vertus, des qualités qu'on ne doit pas méconnaître ; il est serviable, désintéressé, dévoué, patient ; il se résigne à une condition précaire avec une philosophie qui ne se rencontre pas dans les classes élevées ; il a le sentiment de l'ordre, et, dans une certaine mesure, celui de la dignité personnelle. Ce qui lui manque, c'est l'esprit de prévoyance, c'est le souci du lendemain. Dans les grands centres industriels surtout, il travaille plutôt par boutades qu'avec suite, et cherche dans les plaisirs du cabaret une triste diversion aux fatigues de l'atelier. Un autre travers de l'ouvrier, c'est une répugnance invincible et involontaire pour ce qui le domine. L'instinct de l'obéissance et de la discipline ne dépasse pas, pour lui, la sphère des devoirs directs : il accepte une hiérarchie dans le travail ; hors du travail, il ne reconnaît plus ni conducteurs ni maîtres. On a pu le voir, dans ce qui touche à la politique, désavouer ceux qui parlaient en son nom et donner le spectacle d'une armée où les soldats dictaient la loi aux généraux. L'ouvrier est ainsi fait : il exige toujours plus qu'on ne peut lui accorder et dépasse le but où l'on essaie de le conduire. Dans l'ordre industriel, cette jalousie, cette inquiétude, se retrouvent. Là, plus le patronage est immédiat, plus il paraît intolérable. L'ouvrier qui s'est élevé au rang d'entrepreneur excite plus de rancunes que celui qui a toujours occupé cette position. Aussi a-t-on vu ces travailleurs parvenus repoussés par leurs anciens camarades quand il s'est agi d'organiser à Paris les conseils de prud'hommes, sorte de juridiction de famille chargée de vider les différends entre les ouvriers et les maîtres.

Cette question est une de celles qui ont pu mettre en relief le caractère des ouvriers. Un homme sorti de leurs rangs, un compositeur typographe, avait fait imprimer à ses frais un petit livre où était débattue cette question des conseils des prud'hommes. Les ouvriers, quand il s'agit d'eux, ont le tort de ne pas savoir limiter leurs prétentions. Boyer s'était montré plus sage, quoiqu'il allât encore au-delà des concessions possibles. Il fut désavoué par les siens, méconnu et délaissé ; il n'a pas survécu à cette épreuve, il est mort le désespoir dans l'âme. L'organisation d'un conseil des prud'hommes, même incomplète, était pourtant un bienfait. Les grandes villes industrielles de France, Lyon, Saint-Étienne, Rouen, Reims et plusieurs autres jouissent depuis long-temps de cette institution, qui n'a présenté sur ces divers points que d'excellents résultats. Dans l'ensemble du royaume, le nombre des affaires vidées devant cette juridiction exceptionnelle s'est élevé, de 1830 à 183l, à 60,555, dont 58,330 ont été conciliées, c'est-à-dire 29 sur 30. 56 affaires seulement sont arrivées en appel. Lyon, en 1835, a eu 3,885 contestations portées devant le conseil des prud'hommes, sur lesquelles 3,714 ont été conciliées et 172 jugées. Saint-Étienne, en 1836, sur 2,616 instances, a compté 2,591 arrangements et 25 jugements. Rouen, dans le cours de cette même année, a vu passer 1,006 affaires donnant lieu à 967 conciliations et à 25 jugements. Aucun appel n'a été formé pour ces diverses sentences, ce qui est un témoignage évident de la justice des décisions.

Ainsi c'était déjà un progrès que de réaliser à Paris, dans des conditions analogues, une institution qui fonctionne avec succès dans nos premières villes industrielles. À l'épreuve, on aurait pu juger si quelques améliorations étaient nécessaires, et les réaliser graduellement. Il n'en a pas été ainsi : la mesure a été livrée à la discussion, et dès-lors les exigences se sont donné carrière. C'est surtout à propos de la composition des conseils que le débat a pris de la vivacité. Jusqu'ici les entrepreneurs d'industrie en ont fourni l'élément principal : quelques chefs d'ateliers, contre-maîtres et ouvriers -patentés complètent le personnel de ces tribunaux conciliateurs. Sans doute l'intérêt du maître, représenté dans une proportion inégale, y conserve la haute main ; mais on conçoit combien cette circonstance doit inspirer de retenue aux manufacturiers opulents, aux notabilités industrielles, que l'élection investit de ces pouvoirs. Rarement l'ouvrier aura de déni de justice à essuyer de la part de juges pareils, et dans plus d'une occasion on n'épuisera pas contre lui toutes les rigueurs du droit. Tant que l'entrepreneur tiendra la position dominante, il en sera ainsi : la balance penchera en faveur de l'ouvrier, et les affaires, comme le prouvent les résultats cités, n'iront pas au-delà d'une juridiction de famille. Cependant c'est contre cette situation qu'au nom des travailleurs on s'est récemment élevé. On a demandé que les juges fussent pris moitié parmi les maîtres, moitié parmi les ouvriers, les ouvriers à patente étant considérés comme des maîtres. Ainsi le conseil des prud'hommes serait partagé en deux camps ; ce qui, dans bien des cas, rendrait leur action impossible. Le tribunal de conciliation deviendrait un tribunal passionné, et les entrepreneurs, plutôt que d'en subir la loi, conduiraient les ouvriers, à grands frais, dans toute l'échelle des ressorts supérieurs.

D'un instrument de paix, on aurait fait de cette façon un instrument de luttes. Ces prétentions n'ont pas été admises, et Paris attend encore une juridiction des prud'hommes. Les exigences amènent inévitablement de tels résultats : elles servent d'oreiller à l'indolence administrative, qui ne cherche que des prétextes pour s'abstenir de toute innovation. L'ouvrier en porte la peine et recule ainsi, par un caprice puéril, des réformes qui lui seraient profitables.

On le voit, ce qui manque le plus aux classes laborieuses, c'est l'esprit de calcul, c'est de savoir se contenir et se conduire. Avec le temps, cette éducation se complétera. La responsabilité personnelle suppose une expérience personnelle ; aucune tutelle collective ne peut suppléer cette condition. Peu à peu et individuellement, l'ouvrier, averti par ses propres fautes, éclairé par la pratique de la liberté, acquerra les qualités qui lui manquent, s'élèvera à une position chaque jour meilleure. C'est la loi des siècles, et les anomalies actuelles, fort discutables d'ailleurs, ne sont qu'un incident fugitif dans cette marche constante et nécessaire des choses. Le travailleur a eu ses jours d'enfance et d'adolescence ; il aura sa période de maturité. C'est à lui d'entrevoir déjà cet avenir et d'y aspirer. Pour s'en montrer dignes, il faut que les ouvriers éteignent en eux les prétentions inquiètes et sans but, la soif des réformes impossibles, le besoin d'agitations ruineuses. Leur principale force est dans leur modération et dans ce travail lent qui détache incessamment de leur classe des sujets intelligents et laborieux pour les élever dans l'échelle sociale. Ils ont le titre de noblesse des sociétés modernes, le travail ; soldats de l'armée industrielle, leur avancement est dans leurs mains, et il n'est point de haut grade auquel ils ne puissent prétendre. Cette ambition légitime vaut mieux que tous les rêves qui prétendent faire de notre globe un palais d'Aladin, et de chaque homme un millionnaire.

II n'est pas sans intérêt de faire remarquer de nouveau à quelles contradictions se laissent aller les écrivains qui parlent au hasard des classes laborieuses. D'un côté, on représente ces classes comme en hutte à toutes les misères, en proie à toutes les dégradations. Aucune couleur n'est assez sombre pour ces tableaux ; les populations de truands n'habitaient pas, dit-on, des logements plus infects, n'avaient pas des mœurs plus repoussantes. Quand la description est achevée, quand on a épuisé ce minutieux inventaire de la souffrance et de l'abjection, on élève un cri d'accusation contre la société au sein de laquelle de pareils symptômes se manifestent. Tel est le premier point de vue ; maintenant, voici le second. Ces classes que l'on vient de voir si abaissées se relèvent le front ceint d'une divine auréole. A elles toute la vertu, tout l'honneur qui se rencontrent encore ici-bas ! C'est chez elles qu'il faut chercher l'inspiration véritable, la science supérieure ; les ouvriers seuls sont de grands philosophes et des poètes immortels. Veut-on sur les destinées à venir une révélation sure et pertinente, c'est à un ébéniste qu'il faut la demander ; désire-t-on entendre des vers où règne le sentiment exquis de l'art, où respirent les beautés de la nature, un tailleur de pierres a seul aujourd'hui la puissance d'enfanter ce chef-d'œuvre. Quels rapports n'a-t-on pas découverts entre la métaphysique sociale et la menuiserie ? Le rabot conduit directement à une intuition merveilleuse de la marche de l'humanité, à une critique raisonnée du libre arbitre et de la prédestination. Voyez-vous d'ici un forgeron arrêtant son soufflet pour discuter sur l'objectif de Kant et sur la hiérarchie des capacités de Saint-Simon ? C'est pourtant la prétention que l'on voudrait inspirer à la classe ouvrière ; on en fait une tribu de docteurs et de rimeurs. Singuliers amis du peuple que ces écrivains qui, d'une part, le dégradent jusqu'à la calomnie afin de le rendre plus digne de pitié, et de l'autre, quand il a besoin de pain, l'invitent à se repaître de fumée !

On dirait qu'on ne peut parler aujourd'hui des classes laborieuses sans tomber dans l'un ou l'autre excès. C'est toujours et à propos de tout la même absence de mesure. Une pareille tendance ne saurait avoir que des résultats fort tristes. Il est dangereux d'inspirer aux hommes le dégoût de leur condition et de leur faire des promesses qui ne seront pas tenues ; on s'expose à les voir continuer l'utopie dans le sens de la passion et venger leurs mécomptes par des tentatives de bouleversement. Si l'ouvrier ne veut pas devenir le jouet d'une déception amère, il faut qu'il se méfie de ses flatteurs. Son rôle ici-bas n'est celui ni d'un héros de roman, ni d'un poète ; il remplit des fonctions plus utiles et des devoirs plus réels. Pour roman, il a les soucis de la famille ; pour poésie, il a le travail. Il y a plus d'honneur pour lui, plus de profit pour le pays dans l'accomplissement d'une tâche manuelle que dans des aspirations inquiètes vers les œuvres de l'esprit et la vie de l'intelligence. Le chapitre des vocations manquées est déjà long dans la carrière des lettres : que les ouvriers se gardent d'y ajouter une douloureuse page de plus. On ne peut pas servir deux maîtres, et les devoirs modestes de l'homme qui vit de ses bras sont incompatibles avec les ravages de l'orgueil littéraire.

Dans le domaine de la politique, l'ouvrier devrait également rompre avec les conseils qui l'entraînent à des prétentions excessives. Sans doute, les classes laborieuses comptent pour beaucoup dans l'ensemble de la population ; on ne saurait, sans aveuglement, méconnaître l'influence et les droits du nombre. Ce serait en outre un triste gage de tranquillité que celui qui reposerait sur l'abdication complète des masses et sur l'abrutissement qui résulte des soucis et des plaisirs grossiers de l'existence matérielle. En France, ce rôle ne fut jamais celui des classes laborieuses. Qui plus vivement qu'elles s'intéressa à l'odyssée militaire de l'empire, aux rancunes contre l'invasion, au mouvement de juillet 1830 ? Où les bulletins de la grande armée trouvèrent-ils plus de lecteurs enthousiastes, et la victoire des trois jours plus d'énergiques coopérateurs ? A toutes les époques, il en fut ainsi : toujours le peuple, dans notre patrie, se mêla à la vie publique ; c'est là un de ses titres comme une de ses traditions. Mais il ne s'ensuit pas que tout ouvrier doive rédiger son plan de constitution et se retirer sur le mont Aventin, si on ne l'exécute pas à la lettre. Les destinées de la France ne peuvent pas être à la merci des systèmes politiques et sociaux issus des fumées du cabaret. L'avenir des ouvriers comme celui des maîtres, des pauvres comme des riches, est renfermé dans l'idée du devoir, d'où découlent des habitudes d'ordre et de discipline. Hors de là, on s'agite dans un cercle d'illusions, on court après des fantômes.

Les rêveries de ce genre sont devenues si contagieuses, si générales de notre temps, qu'elles ont mérité les honneurs d'un nom nouveau et désormais consacré : c'est celui de *socialisme*, en d'autres termes l'art d'improviser des sociétés irréprochables. Plus d'un esprit qui se croit sérieux a payé tribut à cette chimère : il y a aujourd'hui des socialistes partout, dans le roman, dans la statistique, dans la philosophie, dans l'histoire, dans l'économie politique et industrielle. Le mot a fait des ravages, et la chose aussi : des sectes éphémères et bruyantes ont laissé cette empreinte avant de disparaître. C'est de là que sont venues les déclamations contre la société, les anathèmes tumultueux, les récriminations interminables. Il semble qu'on les entende encore. La société est sans cœur et sans entrailles ; elle envoie les jeunes gens au canon, les jeunes filles à la prostitution ; elle n'a ni soin ; ni souci de la vie et de l'honneur des créatures. Toute institution est viciée en germe ; comme dans le mauvais fruit, partout on découvre le ver. L'adultère souille le mariage, la fraude déshonore l'industrie, la haine et la jalousie enveniment les rapports, l'égoïsme plane sur le tout et couronne l'ensemble des relations humaines. Ainsi du reste. On devine ce qu'un pareil texte renferme d'amplifications et quelle masse de griefs on peut invoquer contre une société qui n'a pas la prétention d'être parfaite.

Il faut pourtant s'entendre : la civilisation, telle qu'elle existe, n'est pas un décor d'opéra que l'on fait disparaître d'un coup de baguette. Elle représente un ensemble de sentiments et d'intérêts qu'il est difficile d'ébranler. On peut, en y réfléchissant, s'expliquer les illusions des socialistes. Habitants d'un monde imaginaire où l'âme est affranchie de toute peine, le corps de toute infirmité, il n'est pas surprenant qu'ils regardent avec un profond mépris ce monde réel que la douleur tient asservi et que le besoin assiège sous mille formes. Mais c'est là un état particulier de l'esprit, une foi qui ne visite qu'un petit nombre d'âmes. Le gros des intelligences ne croit ni aux systèmes infaillibles, ni aux transformations soudaines. De semblables déceptions ne sont d'ailleurs pas nouvelles. Il en est de la régénération sociale comme de la transmutation des métaux, que le moyen-âge regardait comme une découverte non-seulement possible, mais prochaine. Toutes les chimères se ressemblent, et le même sort les attend.

La société réelle a donc poursuivi tranquillement sa marche en dépit du socialisme et des nombreuses sectes qu'il a fait éclore. Les clameurs ne l'ont pas troublée, les injures ne l'ont pas atteinte. Au milieu du grand mouvement de passions et d'affaires qui accompagne la vie humaine, c'est à peine si cette petite turbulence a été remarquée. À tous les déchaînements dont elle était l'objet, la société n'a répondu que par l'indifférence : c'est ainsi qu'elle s'est vengée. On eût mieux aimé ses colères que son dédain : elle n'a pas donné cette satisfaction aux hommes qui l'attaquaient par système. A quoi bon d'ailleurs se charger d'une justice qui se faisait toute seule ? A peine éclos, les systèmes se fractionnaient pour se livrer bataille. Il s'agissait de renouveler la face du globe, et vingt procédés pour un étaient offerts. Jamais autant de recettes du parfait bonheur ne furent imaginé s, livrées à l'essai. C'est peut-être l'embarras du choix qui a engagé la société à rester ce qu'elle est, mêlée de mauvais et de bon, s'appuyant sur le passé en regardant vers l'avenir. Quant aux écoles et aux églises nouvelles, il suffisait de les laisser aux prises entre elles pour les voir s'éteindre dans le choc des rivalités et les défaillances de l'isolement.

Le socialisme avoué est donc fini ou bien près de finir ; mais il semble vouloir laisser une dernière trace dans les sciences et dans les lettres. Bien des travaux se ressentent de cette préoccupation, et obéissent à cet esprit. L'histoire, l'économie politique, la philosophie, la médecine même, en ont été atteintes, non pas, si l'on veut dans les grandes écoles, mais par l'apparition de dissidents nombreux et résolus. Il serait trop long de récapituler ici ce qui a été fait sous l'empire de cette disposition : qu'il suffise de signaler trois catégories d'écrivains qui, plus ouvertement que les autres, ont sacrifié aux chimères et aux déclamations du socialisme. La première comprend les statisticiens que la passion des chiffres égare ; la seconde, les aventuriers de la pensée, rhéteurs vaniteux ou philosophes empiriques ; la troisième, certains romanciers toujours prêts à abuser de la couleur. De ces trois classes, la moins excusable est sans contredit celle des statisticiens. Personne n'a attaqué la société avec plus de violence qu'eux, ni intenté à la civilisation, au nom de chiffres fort équivoques, un procès plus opiniâtre et plus brutal. Si la statistique ne sait pas mieux se contenir, elle se fera, auprès des esprits sérieux, un tort irréparable. C'est une science qui renferme des calculs et des arguments pour toutes les causes, fussent-elles diamétralement opposées. Les chiffres sont complaisants ; ils se prêtent aux désirs secrets de l'observateur et à la fortune des livres. On se propose de prouver une chose, et l'on voit tout dans le sens de cette démonstration.

C'est ce qui est arrivé pour l'étude des misères sociales. Les chiffres les plus affligeants, les tableaux les plus douloureux, sont devenus l'accompagnement obligé de ce travail, et en ont composé, pour ainsi dire, la mise en scène. Il fallait frapper, émouvoir, et, comme l'intention semblait justifier les moyens, on a évidemment forcé la preuve et grossi l'effet. De longs cris d'alarme ont été poussés de vingt côtés ; on a dressé des tables effrayantes de la misère et de la dépravation publique ; on est allé fouiller dans toutes les sentines, afin d'arranger, par groupes symétriques, les crimes, les vices, les douleurs, et de présenter ensuite à la société cet effrayant et hyperbolique inventaire. La statistique sociale ne procède pas autrement c'est une science d'étalage. On dirait qu'elle veut emprunter quelque chose à la tactique de ces mendiants qui empirent l'état de leurs plaies pour mieux exciter la pitié de la foule.

Si l'on voulait chercher, dans des publications récentes, des exemples de ces écarts, le choix seul serait embarrassant. L'un de ces statisticiens, qu'une mort précoce a naguère enlevé, s'était fait un titre spécial de la description des misères de la société anglaise ; il avait poussé ce travail jusqu'aux derniers confins de l'hyperbole. De la ville de Londres, il n'avait vu que les cloaques, et, en copiant les enquêtes du parlement, il s'était attaché à en reproduire la partie la plus sombre. On sait aujourd'hui que beaucoup de misères, ainsi décrites, n'ont existé que dans l'imagination de l'auteur ou dans celle des hommes qu'il a consultés. Il y a, de l'autre côté du détroit, une école de statisticiens coloristes qui a devancé et inspiré la nôtre ; c'est elle qui, dans le parlement et hors du parlement, dessert les enquêtes rembrunies et fournit les calculs alarmants. Ordinairement le parti religieux y joue un grand rôle et y apporte un fanatisme qui trouble nécessairement le regard. En France, les imitateurs ajoutent à cela l'ardeur naturelle de notre caractère, et le désir de faire leur chemin par des descriptions originales et dramatiques. Ainsi s'engendrent et se multiplient les erreurs.

Quand la statistique française opère sur le terrain national, elle est sujette à d'autres illusions. Jamais on ne vit aligner des calculs avec cette candeur, et les interpréter avec cette naïveté. Ainsi, sur quelques renseignements puisés à la préfecture de police, un auteur a dernièrement appris aux honnêtes gens de la capitale qu'ils doivent se défier de soixante-trois mille individus, vicieux ou criminels, vivant à leurs côtés. Soixante-trois mille ! pas un de plus ni de moins, c'est-à-dire une personne sur quinze. Certes, il y a de quoi donner à réfléchir à ceux qui habitent une ville où tant de corruption fermente. L'auteur assure pourtant qu'il est discret, et qu'avec moins de ré serve il aurait pu élever à plus de cent mille le nombre de ces êtres dangereux. Ensuite il pose des chiffres, et quoi de plus concluant qu'un chiffre ? Nous voici donc exposés à coudoyer 63,000 suspects dont 1,867 forçats réclusionnaires ou correctionnels, 3,500 escrocs, 7,000 protecteurs de prostituées, 1,500 vagabonds, 6,000 voleurs, 8,000 fraudeurs, 600 receleurs et 33,000.ouvriers débauchés ; le tout au plus juste, et sans que la statistique puisse nous faire un rabais sur ces tables de la perversité. C'est à ne pas y croire : à quelques unités près, on sait, par exemple, qu'il y a dans Paris 8,000 fraudeurs. Qui fournit les éléments de ce nombre ? Les fraudeurs, avant d'exercer leur profession, viennent-ils prendre un numéro d'ordre et faire leur déclaration à la police ? Sérieusement il n'y a rien dans tout cela qui ne soit hasardé et arbitraire. Il suffit pourtant que ces évaluations soient imprimées, qu'elles émanent d'un fonctionnaire public, pour qu'à l'instant même on s'en empare. L'auteur n'y aura vu sans doute qu'une distraction à des travaux administratifs, et une occasion de se signaler par deux volumes pleins de calme et de bonhomie ; mais la déclamation s'armera de ces chiffres pour prouver que nous vivons dans un monde infâme, et la littérature se mettra sur-le-champ à l'unisson de cette clientelle de 63,000 scélérats.

Ce sont là de tristes déviations : l'écrivain qui aspire à un rôle scientifique devrait montrer plus de sang-froid et plus de discernement. Sa tache ne consiste pas à ne voir qu'un côté des choses et à prendre des conclusions exclusives. Son devoir est d'oublier tout, même le succès, pour ne rechercher que la vérité. Il est l'homme de la raison, non de la passion. Voilà ce qui a manqué à divers statisticiens qui se sont occupés des misères sociales : ils n'ont pas su, ni peut-être voulu envisager complètement le problème et l'aborder avec modération. Les écarts du sentiment et les erreurs de la colère dominent leurs travaux et les laissent sans autorité. Ce sont tout au plus des peintures de fantaisie qui ne résistent pas à l'examen le plus superficiel. Aucun de ces écrivains, parmi les misères dont il faisait le dénombrement, ne s'est attaché à distinguer celles qui, provenant des vices et des folies des hommes, ont le caractère de châtiments mérités de celles, en bien plus petit nombre, qui dérivent d'une fatalité invincible et ressemblent à des défis accablants qu'un sort ennemi envoie aux malheureux. C'est pourtant là une distinction très essentielle à établir et une réserve importante à faire. La compassion qui s'attache à des souffrances volontairement encourues ressemble à un brevet d'impunité accordé à la paresse, à la débauche et à l'imprévoyance. Dans tous les cas, la société n'en saurait être responsable, et il serait puéril de vouloir mettre à sa charge les maux qui résultent des écarts personnels et des fautes privées.

Un autre travers dont la statistique aurait dû se défendre, c'est l'exagération ; en toute chose, la mesure est inséparable de la vérité. On s'imagine trop facilement que, pour la défense de ceux qui souffrent, la déclamation est permise et l'enluminure légitime. S'il y a erreur, on croit que c'est une erreur qui honore, et que l'intention couvre et domine le fait. Il serait temps de renoncer à ce sophisme. L'un des principaux obstacles à toute amélioration, même de détail, est précisément cette absence de modération et ces prétentions excessives. Exagérer ce qu'il y a à faire, c'est offrir un prétexte aux hommes qui veulent que rien ne se fasse, c'est desservir ceux qu'on prétend secourir. Les tableaux trop rembrunis, loin d'avancer les réformes, les éloignent et les paralysent ; personne ne se charge volontiers des entreprises hasardeuses et des cures désespérées.

Ces exagérations des statisticiens, certains philosophes les ont partagées, et par philosophes on entend ici ces rêveurs à la suite qui ont essayé de toutes les chimères sans pouvoir se fixer à aucune. Jouets d'une vanité maladive, ces hommes n'avaient ni assez de puissance pour professer l'erreur ; ni assez de bon sens pour servir la vérité. Avec plus d'orgueil que de facultés, plus d'audace que de lumières, ils étaient condamnés à se vêtir des lambeaux de vingt systèmes disparates, et à s'agiter, sans jamais conclure, dans un cercle d'hallucinations. Les socialistes de première main, et les écoles qui en sont issues, ont eu du moins le sentiment d'une théorie complète, et l'ont développée avec une vigueur peu commune. Même en les combattant, on doit rendre justice aux qualités qui les distinguent. Chez les nouveaux socialistes, rien de pareil : les prétentions ont grandi, l'intelligence a disparu. L'emphase remplace l'inspiration, la médiocrité perce sous les airs de prophète. Les uns nuisent à la cause qu'ils veulent servir en substituant au langage de la raison les égarements de la colère et en distillant sur les hommes plus de fiel que n'en devraient contenir des cœurs élevés. D'autres empruntent aux sectes et aux théories sociales des combinaisons qu'ils travestissent en y ajoutant des rêveries désormais vouées à un ridicule ineffaçable. Pour tromper les ames crédules, ces esprits fourvoyés poussent des découvertes dans tous les sens, tantôt vers le mysticisme, tantôt sur le terrain économique, heureux d'échapper ainsi à leurs incertitudes, et de couvrir d'un vernis d'érudition les fluctuations et l'indigence de leur pensée.

C'est surtout dans cet état nouveau que le socialiste est devenu dangereux. Les véritables inventeurs, avec la foi qui les anime appellent la discussion et ne font pas consister leur talent à la fuir. Ils confessent hardiment, clairement, leurs doctrines, et apportent dans le débat une sincérité qui les honore. Il n'en est pas de même des socialistes que nous avons en vue : ils aiment à s'escrimer dans l'ombre, et, quand on les presse trop vivement, ils s'enveloppent de leurs nuages. Leurs adeptes même ne réussissent à les en tirer de ce silence prudent, lorsque leur impatience les somme enfin de formuler ce qu'ils sont, ce qu'ils veulent. Que prétendent-ils donc ? Réformer la société ? Mais quelle est alors celle qu'ils espèrent mettre à la place ? En prendraient-ils les éléments dans la sphère des médiocrités jalouses, des vanités implacables, des ambitions déréglées, des préventions sans limites ? A la surface de toute civilisation flottent des illusions juvéniles et des éblouissements de l'orgueil que l'on prend volontiers pour de la force : est-ce sur ces types exceptionnels que l'on se propose de modeler l'établissement humain ? On aura alors un monde de docteurs indisciplinés et de sophistes intraitables. Livrer le gouvernement à des esprits qui ne savent pas se gouverner eux-mêmes, c'est une grave responsabilité et une entreprise pleine de périls. La singulière réforme que celle qui mettrait le vertige en haut de la hiérarchie et donnerait aux populations, comme inspirateurs et comme guides, des hommes ivres de leurs mérites et livrés à tous les écarts de l'amour-propre !

Dans la voie des invectives, les romanciers qui ont suivi le mouvement socialiste n'ont pas moins d'emportement et d'opiniâtreté. C'est là un singulier spectacle. Voici une nation qui se meut dans la sphère de ses droits et de ses devoirs, une nation affairée et attentive à ses intérêts, une nation passionnée et qui n'est étrangère à aucune noble inspiration. Cette nation pense et agit, fonctionne et travaille, obéit aux faits sans négliger les idées ; elle assiste à son propre développement, se rend compte de sa vie ; elle a un sentiment, complet de ce que sont chez elle,, de ce que valent les lois, les mœurs, les usages, les relations de famille ; elle n'ignore ni les abus ni les inconvénients de ce régime, et les déplore sans les exagérer. Acteur ou témoin, chacun, dans sa petite sphère, se crée ainsi une opinion suffisante et acquiert la conscience entière de l'ensemble des relations sociales. Eh bien ! à côté de cette grande famille, une tribu imperceptible d'écrivains prétend modifier complètement l'opinion que la société française doit se former d'elle-même, créer un monde de fantaisie et le lui imposer, imaginer des mœurs odieuses, et les lui faire accepter comme des mœurs réelles, composer un tableau repoussant et le présenter à la ronde comme un chef-d'œuvre d'exactitude. Telle est la comédie qui se joue et qui n'est pas couverte d'assez de sifilets. La société, dans des heures d'oubli, a eu la faiblesse de l'applaudir : c'est un tort dont on abuse aujourd'hui contre elle.

Que les écrivains et les romanciers surtout y prennent garde ; le châtiment peut n'être que différé. Pour punir la calomnie et réprimer la déclamation, la société a un moyen énergique, une arme sûre : le délaissement. Si les romanciers font peu de cas de l'estime publique, ils ont un faible pour le succès. C'est de ce côté qu'ils seront frappés, s'ils ne s'amendent. Les paradoxes n'amusent pas long-temps, et le public sera bientôt saturé de peintures immorales ou grotesques. La caricature n'a jamais été de l'art, et les débauches de la plume ne sauraient suppléer ni à l'observation vraie, ni à l'exécution contenue.

Quel titre ont d'ailleurs ces romanciers à se dire les interprètes de la vie réelle, et où l'auraient-ils étudiée ? Ils flétrissent la société ! Serait-ce par hasard qu'ils s'y trouvent mal à l'aise ? La société honore le respect des engagements, la vie de famille, la fidélité aux devoirs, l'esprit de conduite, le désintéressement, la dignité d'état, la conscience : est-ce là ce qu'on ne peut lui pardonner ? et faut-il y voir l'origine de toutes ces colères ? L'insulte ne serait alors qu'une expression du dépit ou une formule du remords. Peut-être aussi, sous l'empire de l'enivrement littéraire, les romanciers ont-ils, comme les philosophes, rêvé les palmes de l'apostolat. Il en est aujourd'hui qui, après avoir prostitué leur plume à d'indécentes gravelures, aspirent aux honneurs d'un prix Monthyon et à la couronne du moraliste. Certes, c'est là une prétention étrange de la part de ces esprits qui ont abusé de tout, même du talent, et ont fait du commerce des lettres l'industrie la plus éhontée et la plus vulgaire.

Les romanciers de cet ordre devenir des moralistes, des réformateurs de la société ! En vérité, la prétention est étrange, elle est digne de notre temps. Avant de regarder autour d'elle, cette littérature aurait mieux fait peut-être de s'interroger, de sonder ses reins, pour employer une expression biblique. Après avoir été sceptique, railleuse, blasée en toutes choses, avide et peu scrupuleuse ; il ne lui manquerait plus que de devenir hypocrite, de prendre la morale en guise de manteau et la réforme sociale comme un dernier expédient pour battre monnaie. Ce serait un scandale de plus ajouté à tant d'autres. Moraliste, celui qui a emprunté la langue de Rabelais pour infecter le public de récits indécents et de contes cyniques ! Moraliste, celui qui s'est fait un jeu de conclure toujours au succès et à l'impunité du crime ! Moraliste, celui qui, après avoir composé un chapelet de femmes adultères, déclare que la chute est obligée pour toutes les filles d'Eve, et que la chasteté, exception rare, est un mot qui peut toujours se traduire par le manque d'occasion ! Oui, tous moralistes, moralistes de même trempe, qui reviendront à la vertu, si la vertu a du débit et fait mieux les choses que le vice !

La même cause a porté le roman vers la description des misères sociales : la vogue était acquise à de pareils tableaux. De là cette école de coloristes dont l'idéal consiste à outrer les difformités de la nature humaine. Autant les anciens recherchaient le beau en toutes choses, autant cette école recherche le monstrueux ; elle nous traite en convives blasés dont le goût ne se réveille qu'aux ardeurs de l'alcool et au feu des épices. Les émotions violentes, les passions échevelées, les sentiments impossibles, les imprécations, les blasphèmes, entrent pour beaucoup dans l'art d'écrire tel qu'on le comprend aujourd'hui. La révolte contre la société anime les conceptions les plus applaudies. Le roman prend un caractère de protestation de plus en plus impérieux et universel ; il proteste contre le mariage, il proteste contre la famille, il proteste contre la propriété, il ne lui reste plus qu'à protester contre lui-même. Partout se retrouve la prétention de rendre la civilisation responsable des fautes de l'individu et d'abolir le devoir personnel pour mettre tout à la charge du devoir social. Les romanciers appellent cela poser des problèmes au siècle. Problème singulier que celui d'organiser un monde où les passions seraient sans frein et les fantaisies sans contrainte ! La société actuelle a le tort impardonnable de ne pas laisser aux instincts sensuels une entière liberté ; aussi, se montre-t-on inflexible à l'égard d'un régime entaché de tant de rigorisme et d'intolérance.

Le roman ne s'en est pas tenu là ; de l'élégie il est passé au drame. Désormais ce n'est plus sur la compassion qu'il s'appuie, mais sur l'horreur. Au lieu de parcourir les replis du cœur pour vérifier combien il renferme de sentiments dépravés et d'idées malsaines, le roman s'égare à la découverte des bouges les plus infects et des existences les plus immondes ; il se propose de prouver, par la description des mauvais lieux et l'usage d'un cynique idiome, jusqu'à quel degré d'avilissement l'homme peut descendre, et de quel ignoble limon il est pétri. Il n'est sorte de corruption souterraine et d'obscénité mystérieuse dont il ne se fasse l'écho. Les régions où l'on parle la langue du bagne n'ont plus de secrets pour lui ; il s'est chargé de diminuer la distance qui sépare le monde criminel du monde élégant. C'est presqu'un cours d'éducation à l'usage des lecteurs de livres frivoles ; ils peuvent y apprendre l'art compliqué des effractions et des escalades. Les grands scélérats ont le droit d'être fiers de cette fortune qui leur arrive. Une tribune leur est ouverte, un auditoire de belles dames leur est acquis ! La vogue est à eux, ils semblent l'avoir fixée et ils en abusent ; ils ont des romanciers, ils auront des poètes. Bientôt il ne leur manquera plus qu'une Iliade où éclatent toutes les beautés de l'argot.

Voilà où nous en sommes, grâce aux écarts du roman. Naguère il se contentait de tresser des couronnes au vice ; aujourd'hui il élève un piédestal au crime. Qui peut dire où s'arrêtera cette étude des existences exceptionnelles, cette excursion dans les repaires du vol et de l'assassinat ? Comme le meurtrier y devient intéressant ! comme la prostituée y gagne du terrain dans l'opinion ! Le meurtrier a l'instinct profond du devoir ; la prostituée respire cette grace frêle et délicate qui n'échoit qu'aux races privilégiées. Le roman a si bien fait, que ces deux figures n'inspirent plus ni éloignement ni répugnance. On s'y habitue sans peine ; le suffrage des boudoirs adopte une débauche si agréable et un attentat si charmant ! De là aux sombres épisodes et aux expéditions sanglantes il n'y a plus que des nuances et des transitions. On les franchit, et les coups de poignard, le dévergondage hideux, la corruption la plus repoussante, celle de l'enfance, sont acceptés au même titre et accueillis avec la même faveur. L'assassin pose, et le beau monde applaudit ; le malfaiteur a son jour de Capitole, et il y chante un hymne qui ne semble pas près de finir.

Sérieusement, c'est là un des plus douloureux spectacles auxquels une époque puisse assister et un genre de séduction plus dangereux qu'on ne le suppose. Il y a dans le crime on ne saurait dire quelle volupté dépravée dont il ne faut pas réveiller le goût, et la prudence la plus vulgaire conseille de jeter un voile sur les monstruosités exceptionnelles. Toute civilisation a des égouts ; qui ne le sait ? mais un peuple à part les habite, et personne n'est tenu d'en visiter les immondes profondeurs. Croit-on inspirer à l'homme le désir du bien, la passion des grandes choses, en l'initiant à des turpitudes qui ne devraient jamais souiller son oreille ou sa vue ? Est-ce là un enseignement qui puisse satisfaire autre chose qu'une misérable et futile curiosité ? Que l'on ouvre le livre où sont inscrits les grands noms littéraires, et l'on verra si aucun d'eux a dérogé au point d'écrire une telle histoire et de tracer de pareils tableaux. Deux hommes seulement ont abordé cette tâche avec un succès que leurs plagiaires obtiendront difficilement : on les nomme Mercier et Rétif de la Bretonne. Qu'est-il resté de leurs œuvres ? Qui se souvient du *Tableau de Paris*, livre pensé dans la rue et écrit sur la borne, comme le disait Rivarol ? Qui connaît *les Nuits de Paris*, ce cauchemar en quatorze volumes, où l'auteur passe en revue les antres de la débauche et du crime, sans reculer devant aucun détail, sans faire grace au lecteur d'une seule impureté ? Ces écrivains ont été aussi les héros de leur temps. Où sont-ils aujourd'hui, et qu'est devenue leur gloire ? Ceux qui les suivent et les imitent auront le même sort ; rien ne vit ici-bas que par l'idée morale. Le rôle d'un écrivain n'est pas de remuer la fange de la civilisation et de poursuivre en l'honneur du crime un idéal impossible et impie. C'est un soin qu'il faut laisser aux sténographes des cours d'assises chargés de rendre le forfait dramatique et l'échafaud intéressant.

Est-ce là d'ailleurs qu'est la société ? Ne vivons-nous que dans un monde d'escrocs et de prostituées ? N'y a-t-il ici-bas que des infamies et des guet-apens ? Cette légion de mères de famille dont les joies ne dépassent pas l'enceinte du foyer domestique, ces ménages où le travail défraie à la fois les besoins de la semaine, les plaisirs du dimanche et l'épargne pour les vieux jours, ces millions d'hommes laborieux qui portent le poids du soleil avec une persévérance admirable, suffisent à tous leurs devoirs et meurent sans laisser la moindre tache sur leur nom : tout cela, on l'oublie, on le dédaigne ; personne n'en tient compte, ni les romanciers, ni les philosophes, ni les statisticiens. Ce que l'on recherche, ce que l'on poursuit, ce sont les difformités, les exceptions. Il faut produire de l'effet, maîtriser la curiosité, frapper des coups qui portent. De là ce monde de fantaisie substitué au monde réel, de là cette importance excessive attribuée à quelques existences équivoques, à quelques misères de détail, au préjudice de l'intérêt que mérite l'ensemble et de l'opinion qu'on doit s'en former.

Il est donc temps de faire un retour sur soi-même et de cesser un jeu où l'honneur des lettres se perdrait tout entier. Le socialisme est fini : il faut en effacer les derniers vestiges. Assez long-temps on a eu l'exagération et l'injure à la bouche en parlant de notre régime social : revenons à un ton plus décent et à une appréciation plus saine. A l'envisager de sang-froid, ce régime n'est pas ce qu'on s'obstine à le faire ; on le place trop bas ou l'on attend trop de lui, on méconnaît ce qu'il a de réel, on force ce qu'il renferme d'idéal. Ce monde, que le christianisme a bien jugé, sera éternellement le siège de la souffrance, et, quand on songe qu'aucune classe ne se dérobe à cette loi, que les plus puissants comme Les plus humbles lui paient un égal tribut, on s'étonne de voir encore tant de cerveaux en quête de cette chimère que l'on nomme la perfection absolue. Sans doute, les sociétés se civilisent et les hommes s'améliorent, mais il n'en est pas moins évident qu'à côté d'une plaie qui se ferme, s'ouvre presque toujours une nouvelle blessure. La souffrance morale s'accroît partout où le mal physique diminue, et c'est ce phénomène seul qui rétablit une sorte d'équilibre artificiel dans la destinée humaine.

Par-dessus tout, il importe que l'homme ne s'habitue pas à l'attente d'un bonheur indépendant de ses efforts, et ne se berce pas de l'idée fausse, dangereuse, que la société lui doit tout, aisance, joie, sécurité, sans lui demander en retour la pratique de quelques vertus et le triomphe sur quelques passions. Ces sorties contre La civilisation et les misères qu'elle ne peut guérir sont autant d'excuses au relâchement, autant de prétextes dont les natures vicieuses s'emparent. On fait ainsi la partie belle aux penchants dépravés, on fournit des armes au désordre. C'est là l'intérêt le plus pressant, celui au secours duquel il faut se porter. Les sociétés ont sans doute encore du chemin à faire dans la voie des améliorations, mais ce qui a surtout besoin d'être fortifié de nos jours, c'est le sentiment du devoir et l'empire de la conscience.

Quand on réfléchit à la nature des publications qui se succèdent depuis un certain nombre d'années, on s'étonne que la société n'en ait pas été plus profondément atteinte. Autrefois, l'autorité morale émanait des écrivains, et les siècles passés ont tous obéi à l'initiative de quelques grands esprits. Les consciences trouvaient ainsi une règle ; l'action s'exerçait de l'élite à la masse, du petit nombre à la multitude. De nos jours, au lieu de céder aux écrivains, la société leur résiste ; elle les accepte comme une distraction frivole, elle ne subit pas leur influence. Les célébrités du paradoxe et de la déclamation, romanciers ou philosophes, ont eu beau l'éprouver de mille manières, l'assiéger de visions grotesques ou sombres : elle n'a pas voulu prendre au sérieux ces débauches de l'imagination. Elle n'a vu dans ces tableaux que des fantaisies sans conséquence, elle n'a prêté à leurs auteurs que l'intention de la divertir en passant. Plus ils semblaient abonder dans le sentiment de leur importance, plus elle les trouvait plaisants et singuliers. Les écrivains en ont été pour leurs frais de mise en scène ; à peine la société en a-t-elle été effleurée.

On dirait même que le dégoût issu de ces exagérations de la plume a déterminé une réaction dans un sens inverse. A mesure que les écarts de certains romanciers ou philosophes devenaient plus graves, la société se contenait, se surveillait davantage ; elle eût rougi de ressembler au scandaleux portrait que l'on affichait pour le sien, elle voulait que l'erreur fût manifeste et la calomnie évidente. Pans les relations de famille, ce contraste s'est surtout fait sentir. Jamais cette longue accusation d'adultère qui remplit tant de volumes et défraie tant de fictions n'a été moins justifiée ; la faute n'est que l'exception, la règle est le devoir. Il en est de même des autres douleurs, des autres plaies sociales : presque toujours la plainte porte aujourd'hui à faux ou s'entache d'une exagération flagrante. Ainsi la voix des écrivains résonne dans le vide et n'a plus d'échos.

Ce résultat est heureux ; il prouve qu'en dehors de la vérité il peut y avoir un succès, mais pas d'ascendant, pas d'empire sur les esprits. Les auteurs des grandes époques ne défraient pas seulement une rapide lecture ; ils sont des conseils, des amis ; on les consulte souvent, on les cite, on les honore. Y a-t-il rien de pareil aujourd'hui, et où sont les livres qui durent ? Ces romans nouveaux que la vogue adopte s'éteignent dans le bruit qu'ils font et ne laissent aucune trace ; ces théories qui prétendent au gouvernement du monde s'éclipsent pour faire place à d'autres chimères. De tout cela il ne reste rien, si ce n'est le sentiment d'un oubli éternel et irrévocable. Rien ne se soutient ici-bas, ne traverse les siècles que protégé par l'estime. Or, on peut lire de pareils écrits ; on ne saurait les estimer. Deux qualités pourraient seules sauver les auteurs de l'abandon, et ils ne les ont pas : l'une est le sentiment de l'art qu'ils sacrifient à la spéculation littéraire ; l'autre est la sincérité des convictions, évidemment compromise par les démentis qu'ils se donnent.

L'influence de ces écrivains est donc en pleine décadence : leur plume expie une longue suite d'excès. Tandis que les livres se plaisaient à calomnier la société, elle prenait le parti de se gouverner elle-même et de ne relever que de sa propre initiative. Aux reproches d'abaissement, elle opposait de grands sentiments instinctifs et des vertus pratiques. En vain le socialisme l'a-t-il violentée, injuriée ; elle n'a pas cédé aux violences, elle a souri aux injures ; elle avait la conscience de sa force et celle de la faiblesse de ses ennemis. Pour les réduire au silence, il eût fallu peu d'efforts ; elle n'a pas daigné prendre cette peine ; elle était trop haut, eux trop bas. Si les enfants perdus de la philosophie, du roman et de la statistique veulent continuer cette croisade insensée, la société les laissera achever leur suicide sans s'émouvoir, sans s'irriter. A une démence obstinée et volontaire, elle ne doit répondre que par la pitié et le dédain. Tout ce qu'elle peut faire, c'est de souhaiter à ses détracteurs un peu de ce bon sens, présent du ciel, et dont il est plus avare qu'on ne se l'imagine. Le bon sens quitte toujours les hommes qui s'enivrent d'eux-mêmes et de leurs idées : c'est le premier châtiment de leur vanité et la cause d'une irrémédiable impuissance.

ISBN : 978-1540473202

Louis Reybaud

www.ingramcontent.com/pod-product-compliance
Lightning Source LLC
Chambersburg PA
CBHW070235290526
45789CB00004B/1630
9781540473202